어린이는 어떻게 배우는가?

- 부모를 위한 몬테소리 교육 소개 -

A Parent's Guide to the Montessori Classroom

Aline D. Wolf 지음

이 성 숙 편저

창지사

들어가는 글

오늘날 어린이들을 위한 교육기관과 교육매체가 매우 다양하고, 부모들의 교육열은 점차로 연령이 낮은 어린이들에게까지 확산되고 있다.

부모들은 자녀를 위하여 교육기관을 선택하고 여러 가지 보충적인 학습 방법도 선택해 주지만 그 선택이 어린이들에게 적절한 것인지에 대해서 의문을 갖거나 불안해하기도 한다.

어린이의 발달 단계를 고려해 볼 때 7세 이하의 어린이에게는 스스로 조작하고 경험해 볼 수 있는 교육방법이어야 교육적 효과를 기대할 수 있다. 또한 어린이가 자율적이고 적극적으로 배우고자 하는 태도를 가지도록 도와주는 것이 부모들과 교육자들의 바람직한 태도라고 할 수 있다.

이 책에서는 몬테소리 교육철학과 방법에 대한 소개를 통하여 어린이의 발달 수준에 맞는 교육이 어떤 것인지를 보여 줌으로써 어린이를 가정에서 교육하고 있는 부모들에게 많은 시사점을 제공하고 있다. 또한 자녀를 몬테소리 학교에 보내고 몬테소리 교육에 대하여 궁금해하는 분들이 짧은 시간 내에 몬테소리 교육의 원리와 내용을 어느 정도 아는 데 도움이 되기 위해 쓰였다. 그러나 몬테소리 교육에 관하여 보다 깊이 있는 이론과 실제를 알고자 하는 분은 여기에 소개된 책을 비롯하여 많은 책들을 읽어보고 몬테소리 이론과 교구를 직접 다루는 교육에 참여하셔서 보고 배울 것을 권장한다.

2024년 10월 저자

차 례

서 문

이 책은 3~6세 어린이를 위한 몬테소리 교육프로그램에 대해 자세히 설명하고 있다. 이 책은 몬테소리교육에서 실시하는 교육 목적을 부모님이 이해하도록 도와주고 어린이가 3년 동안 사용할 교구에 대해 설명하기 위해서 만들었다. 이 책은 주로 교실에서 사용하는 교구를 다루고 있으나 교구 사용의 지침이 되는 몬테소리 철학이 교구보다 더 중요하다는 것을 부모들도 알아야 한다.

마리아 몬테소리(1870~1952) 박사는 이 방법을 만들어 낸 이탈리아의 의사였다.

몬테소리 박사는 어린이를 어른들이 원하는 대로가 아닌, 있는 그대로 관찰하였다. 몬테소리 박사는 어린이가 태어나서 성장할 때까지 전인적인 어린이로 자연스럽게 발달하는 데 필요한 조건을 부모와 교사에게 제시하고 있다. 교실에서 사용되는 교구들은 그녀가 지녔던 모든 철학적 생각을 구체화시켜 놓은 것들이다.

몬테소리 교육의 목적

몬테소리는 인간은 다른 사람에 의해 교육될 수 없다고 믿었다. 인간은 스스로 배우는 존재, 교육은 영원히 끝나지 않는 것이라고 하였다. 진정으로 잘 교육받은 사람이라면 학교 교육이 다 끝난 후에도 계속해서 배우고자 할 것이다. 왜냐하면 인간은 타고난 호기심을 지니고 있고, 지식을 사랑하는 마음이 내재해 있기 때문이다. 그래서 몬테소리는 유아교육의 목표는 미리 선정된 과목을 통해 어떤 사실들을 가르치는 것이어서는 안 되며, "어린이가 태어날 때부터 지니고 있는 배우고자 하는 욕구를 계발시키는 것"이어야 한다고 하였다.

몬테소리 교실에서는 이런 목적을 달성하기 위해 두 가지 방법을 쓴다 : 첫째, 어린이가 강요에 의하지 않고 자율적인 선택을 통해 배우는 기쁨을 경험하도록 한다. 둘째, 학습을 위한 교구를 완성하도록 도와줌으로써 어린이의 학습 능력이 앞으로의 학습 활동에서 극대화되도록 한다. 몬테소리 교구는 어린이에게 구체적인 지식을 주는 목적 외에도 자율성과 성취감이라는 두 가지의 장기적인 목표를 지니고 있다.

01 어린이는 어떻게 배우는가?

몬테소리 교구의 사용 방법은 어린이가 지닌 독특한 학습 방법에 기초를 두고 있다. 몬테소리는 이 특성을 '흡수정신(흡수하는 정신능력: absorbent mind)'이라고 정의하였다. 몬테소리는 어린이의 정신능력을 스펀지에 자주 비유하였다. 어린이는 환경으로부터 지식을 '흡수'한다. 두 살 된 어린이가 자신의 모국어를 배우는 과정을 보면 이점을 잘 알 수 있다. 두 살 된 어린이는 형식적인 교육이나, 의도적인 노력 없이도 모국어를 배울 수 있다. 그러나 어른이 외국어를 배우려면 대단한 노력을 해야 한다. 어린이에게는 지식을 습득하는 것이 자연스럽고, 기쁜 활동이며, 어린이는 자신이 흥미 있게 생각하는 주위환경을 감각적으로 탐색하면서 알아간다.

어린이는 7세까지 흡수하여 배우는 능력을 보유하고 있기 때문에 어린이에게 기초적인 지식을 제공해 주는 교구를 다루게 되는 교실에서도 흡수하는 과정이 이루어질 수 있을 것이라고 몬테소리는 가정하였다. 어린이가 말하거나 걷기를 자연스럽게 배우는 것처럼 읽기, 쓰기, 셈하기도 같은 방법으로 배울 수 있다는 몬테소리의 이론이 60여 년간의 경험을 통해서 증명되었다. 몬테소리 교실에 있는 교구들은 어린이가 자기 자신의 흥미와 준비도에 맞추어 학습하도록 돕는 역할을 한다.

몬테소리는 “손은 어린이의 중요한 선생님이다”라고 강조하였다. 학습이 이루어지려면 어린이가 집중을 해야하는데, 어린이는 손으로 하는 교구에 주의를 기울이며 집중한다. 몬테소리 교실의 교구는 어린이가 손을 사용하도록 만들어졌고 생활에서 경험한 것을 명확하게 이해하도록 해준다.

02 유아기의 중요성

몬테소리는 "인생에서 가장 중요한 시기는 0~6세이다."라고 말했다. 이때가 인간의 지능 자체가 형성되는 시기이기 때문이며, 지능뿐만 아니라 어린이의 정신적인 힘 전체가 형성되기 때문이다. 따라서 지적인 도움이 가장 필요할 때이며, 창의적인 작업을 방해하는 장애물이 있으면 작업을 완벽하게 성취해 볼 수 있는 기회를 잃게 되는 것이다.

최근의 심리학 연구 결과를 보면 몬테소리의 이론을 증명해 주고 있다. 시카고 대학 교수인 블룸(Benjamin S.Bloom)은 수천 가지의 연구를 분석한 결과 '인간 특성의 불변성과 변화'라는 책에서, "0~4세 사이에 인간 지능의 50%가 발달되고, 4~8세 사이에 나머지 30%가 발달된다"고 하였다. 이는 유아기에 지능의 발달이 급속도로 이루어지고 초기 환경이 발달에 미치는 영향이 중요하다는 것을 말하고 있는 것이다.

몬테소리 박사처럼 블룸박사도 "어린이가 지닌 특성이 급속히 발달하는 시기에 환경은 가장 많은 영향을 미칠 것이다"라고 믿었다. 극단적인 예로 단식은 열여덟 살 된 청소년의 키 성장에는 영향을 주지 않지만 한 살 된 어린이의 성장에는 대단한 지장을 줄 수 있다. 마찬가지로 아동 정신 발달의 80%가 8세 이전에 이루어지기 때문에 이 시기에 좋은 환경을 마련해 주는 것은 매우 중요하다.

03 민감기

몬테소리가 관찰한 것 중에서 현대의 연구 결과에 의해 증명된 것은 어린이 학습에 있어서 민감기가 중요하다는 것이다. 민감기란 계단 오르내리기, 물건을 순서대로 놓기, 숫자 세기, 읽기 등과 같이 특정한 기술이나 태도를 학습하는데 대단히 매혹되어 있는 시기를 말한다. 민감기에 어떤 것을 학습하게 되면 다른 시기에 배우는 것보다 훨씬 수월하다. 몬테소리 교실에서는 자신의 흥미에 맞는 개인적인 활동을 선택할 수 있는 자유가 있기 때문에 민감기의 장점을 교육에 이용하고 있는 것이다.

몬테소리 교실의 모습

몬테소리 교실의 모습

몬테소리 교실은 진정한 의미에서 어린이의 세계이다. 몬테소리 교실은 3~6세의 어린이들에게 맞는 크기, 속도, 흥미 등을 고려해서 준비되어 있다. 몬테소리 교실은 매력적인 교구를 갖춘 준비된 환경 안에서, 어린이들이 자유를 누리고 쉽게 생활할 수 있도록 구성한다. 교구들은 아무리 작은 어린이라도 쉽게 손이 닿을 수 있도록 낮은 선반에 배열한다.

책상과 의자는 활동에 따라 융통성 있게 이동할 수 있게 되어 있다. 어린이들은 또 작업하기가 매우 편안하도록 바닥에다 작은 매트를 깔고 작업하기도 한다.

몬테소리 교구는 크게 5개의 영역으로 나눌 수 있다. 일상 교구는 3~4세의 어린이들을 위한 학기 초의 활동이 많다. 감각 교구는 3~6세의 모든 어린이가 사용하는 교구다. 학습적인 영역인 언어, 수, 문화 교구는 어린이가 배울 준비가 될 때까지 기다렸다가 하는 교구들이다.

01 어린이의 행동

몬테소리 교실에는 항상 바삐 움직이는 소리가 있다. 왜냐하면 교구를 사용할 때는 걷기, 옮기기, 따르기, 말하기, 특히 손을 끊임없이 사용하기 등의 많은 동작이 있기 때문이다. 그러나 모든 활동을 하는 가운데서도 교사에 대한 존중, 다른 어린이에 대한 존중, 교구 자체에 대한 존중이 이루어지도록 지도한다. 어린이들이 의미 있는 작업에 집중하게 되면 교실은 저절로 조용해지며, 어린이는 교구의 내용을 흡수하여 이해하게 되고, 점진적으로 스스로 자신을 통제하기 시작한다. 어린이가 특정한 활동에 흥미를 느끼게 되면 그 어린이의 행동은 성숙해지기 시작한다. 몬테소리 교실에서 어린이가 주의집중을 못 하면 교사는 어린이가 주의를 집중할 수 있는 작업을 선택하도록 도와준다.

02 경쟁하지 않는 분위기

몬테소리 교실에서는 어린이가 교구를 통해 각자 작업을 하기 때문에 경쟁이 없다. 어린이는 교구의 발전순서를 따라 작업을 하며 자기의 성취 정도를 다른 어린이들과 비교하지 않는다. 몬테소리는 교육에 있어서는 어린이가 기초적인 지식이나 기술에 대해 자신감을 갖게 된 후에 경쟁을 시켜야 한다고 하였다. "어린이가 어느 정도 성공을 경험해 보기 전에는 실패할 가능성을 주어서는 절대로 안 된다"고 하였다.

03 개인별 맞춤 교육

어린이들의 수준이 서로 다르고 능력이 달라도 몬테소리 교실 내에서는 개인적으로 교구작업을 하기 때문에 수준 차이를 조절할 수 있다. 발달이 늦은 어린이는 한 가지 교구를 가지고 몇 주 동안이고 작업할 수 있지만 다른 어린이들에게 지장을 주지는 않는다. 발달이 빠른 어린이는 교구들을 빨리 익혀 나갈 수 있다. 그래서 다른 어린이들이 따라올 때까지 기다려야 하는 지루함이 없다. 능력이 있는 어린이들은 수많은 교구를 여러 가지 방법으로 사용해 보기 때문에 끊임없이 도전감을 느낀다.

어린이들은 발달 속도가 개인마다 다르고, 학습에 대한 준비 기간도 매우 다르다는 것은 잘 알려진 사실이다. 어린이들이 준비만 되면 언제나 교구를 할 수 있기 때문에 몬테소리 교실에서는 어떤 어린이들은 매우 일찍 읽기나 셈하기를 시작하기도 한다. 그러나 이런 조기 학습은 일반적인 현상이 아니고 몬테소리가 의도했던 바도 아니다.

몬테소리의 생각은 학습 경험이 각 어린이에게 가장 알맞은 순간에 자연스럽게, 즐겁게 이루어져야 한다는 것이었다. “우리가 천재를 만들 수는 없습니다. 우리는 다만 어린이들이 독립적이고, 안정되고, 균형을 이룬 인간으로 성장할 수 있는 잠재적 가능성을 발전시킬 기회를 줄 뿐입니다”라고 몬테소리는 말하였다.

어른의 일과 어린이의 일

어른과 어린이가 뜨거운 여름날 바닷가에서 모래를 삽으로 퍼서 양동이에 담는 것을 잘 관찰해 보면 그 차이를 알 수 있다. 어른은 양동이의 모래를 어디엔가 사용하기 위한 목적으로 채우는 것이며, 실생활에 필요해서 하는 일이다. 어린이는 양동이를 모래로 채운 후, 쏟아붓고, 또다시 채우는 일을 반복한다. 어린이는 모래를 푸는 연습을 통해 자신의 능력을 발달시키기 위해서 모래를 푸고 있기 때문이다. 이때 누군가 도와주겠다고 하면 어른은 기꺼이 손을 내민다. 일하는 수고를 덜어줄 수 있기 때문이다. 그러나 어린이는 어떤 도움도 거절한다. 어린이는 자기자신의 능력을 발전시켜야 하기 때문에 이 일을 오직 자기 혼자서 해내야 한다는 것을 본능적으로 알고 있다. 수영을 배우려는 어린이를 위해서 어른이 대신 연습해 줄 수 없는 것과 같다. 그래서 어린이는 같은 동작을 계속 반복함으로써 근육을 발달시키고, 협응력을 기르며, 모래 푸는 기술에 대한 자신감을 키운다. 어린이는 스스로 배우고 있는 것이다. 어린이에게 모래를 퍼서 담으라고 시킨 사람은 아무도 없다. 어린이는 자기의 내면에서 들리는 심오한 지시에 따라 움직이는 것이다.

"어린이의 작업은 미래의 자신의 모습을 창조하기 위한 것이다. 어른은 환경을 발전시키기 위해 일하지만 어린이는 자신을 완성시키기 위해서 일한다."

일상생활 영역

일상생활 영역은 매우 단순하고 평범한 것처럼 보이지만 사실은 몬테소리 프로그램에서 매우 중요한 부분이다. 일상생활 영역의 모든 작업은 어린이의 협응력을 길러 줌으로써 나중에 더 복잡하고 학습적인 교구들을 할 수 있도록 준비시켜 준다. 집중력과 협응력 없이는 학습이 이루어질 수 없다. 특정한 활동에 주의력을 집중시킬 수 있는 시간을 점차적으로 늘려주는 활동을 수행함으로써 어린이는 학습에 대한 준비를 한다.

몬테소리는 어린이가 의미 있는 활동을 하고 싶어 하는 타고난 욕구를 충족시켜 주기 위해 일상영역 활동으로 몇 가지 작업을 구성하였다.

01 물 따르기

물 따르기는 일상생활에서 매일 일어나는 일이다. 어린이는 스스로 물을 따르는 것을 연습함으로써 독립심을 기르고 멋진 어른이 되고 싶은 욕구가 있다. 또한 물을 따르는 동작을 연습하는 과정에서 소근육이 발달되며, 집중력을 기를 수 있다. 어린이는 물 따르기를 하는 동안 일의 순서를 알게 되고, 정리 정돈 하는 것을 경험하면서 질서감도 발달된다.

몬테소리는 어린이를 위한 교구작업을 준비할 때 일상생활에서 하는 것과 똑같이 진짜로 할 수 있게 준비해 주어야 어린이가 진정한 배움을 가질 수 있다고 하였다.

물 따르기 교구는 진짜 유리컵에 물을 담아 준다. 유리컵을 떨어트리면 깨질 수도 있지만 진짜 물 따르기를 할 때 어린이의 흥미가 높아지며, 혹시 컵을 깨트리는 실수를 하게 되면 다음 작업을 할 때 더욱더 조심해야 한다는 것을 배우는 기회가 될 것이라고 하였다.

02 옷 틀

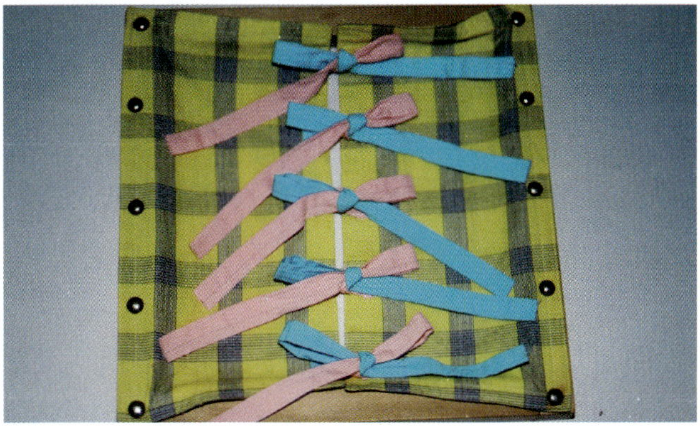

리본 매기

옷 틀은 일상생활 영역 작업 중 중요한 부분이다. 옷 틀 하나하나는 옷 입는 기술을 하나씩 분리하여 어린이들이 되풀이하여 반복함으로써 동작을 익힐 수 있도록 해 주는 교구이다. 그리하여 어린이가 혼자서 독립적으로 옷을 입을 수 있도록 도와준다. 옷 틀에는 단추, 똑딱단추, 지퍼, 옷핀, 혁대, 운동화 끈 매기, 고리 잠그기, 리본 매기 같은 것이 있다.

리본 매기에서는 두 개의 리본을 서로 다른 색으로 하여 선생님이 시범을 보일 때, "이것으로 저것을 감아서"라고 말하는 대신에 "파란 리본으로 분홍 리본을 감아서"라고 설명함으로써 너 명료하게 해 주는 것이 중요하다고 하였다. 가정에서는 '일상생활 영역 작업'을 할 수 있는 기회가 매우 많기 때문에 부모는 어린이가 흥미를 보이면 즉시 옷을 입는 데 필요한 기술을 연습할 수 있도록 기회를 주어야 한다.

03 바나나 자르기

바나나 자르기

어른들이 요리를 할 때 어린이는 자신도 요리에 참여하고 싶은 욕구가 매우 강하다.

교실에서 간단한 요리활동을 주면 어린이는 자신의 욕구가 충족되는 이런 작업에 즐겁게 참여한다. 오이, 당근 등 채소 껍질 벗기기와 자르기 같은 작업들도 어린이의 눈높이에 맞추어 준비해 준다.

04 그릇 씻기

그릇 씻기, 구두닦기 등 어른들은 대수롭지 않게 생각하는 일들도 어린이에게는 대단히 특별하게 생각된다. 이런 작업은 어른을 흉내 낼 수 있기 때문에 어린이는 흥분하게 된다. 어른을 모방하고 싶어 하는 것은 아동기

초기에 어린이에게 가장 강한 충동 중의 하나다.

그릇 씻기

일상생활 영역 작업 중 어린이들이 좋아하는 교구는 물을 사용하는 작업이다. 물통에 물을 받아서 세숫대야에 붓는 일은 어린이의 '협응력'을 완성시켜 준다. 그릇 씻기와 같은 활동에 몰입함으로써 '집중'의 시간이 점차 길어진다. 어린이는 작업을 할 때 올바른 순서를 따름으로써 '일의 순서'를 배운다. 또한 작업을 끝내고 다른 활동을 시작하기 전에 모든 교구들을 정리함으로써 '좋은 정리 습관'을 배운다. 일의 순서를 알고 정리 정돈을 해보는 것은 어린이의 질서감 발달에 큰 도움이 된다.

어린이가 그릇 씻기, 물건 정리하기, 거울 닦기, 우유 따르기 등을 원하면 부모는 교실에서 하는 것처럼 질서 정연한 절차를 따라서 일을 해볼 수 있게 함으로써 좋은 작업 습관이 길러지도록 도와야 한다.

감각 영역

01 목적

어린이는 모든 감각을 사용함으로써 자기 주변의 세계와 접촉한다. 새로운 대상을 알아보기 위해서 어린이는 그 물건을 눈으로 보고, 손으로 만져 촉감과 무게를 느껴 보고, 흔들어 보고, 핥아보고, 심지어 깨물어 보기도 한다. 어린이는 아주 어릴 때부터 관찰력을 아주 자연스럽게 사용하기 때문에 몬테소리는 어린이의 감각을 발달시켜 주는 교구를 주어서 어린이가 감각을 통해서 받은 인상을 이해할 수 있도록 해 주어야 한다고 생각했다.

감각 교구들은 색, 무게, 모양, 촉감, 크기, 소리, 냄새 등과 같은 속성을 하나씩 독립적으로 보여 준다. 교구는 한 가지의 특정한 속성만을 다르게 하여 보여준다. 예를 들어 분홍탑의 육면체들은 모양, 색깔, 재질은 모두 같고 크기만 다르게 함으로써 크기를 구별하는 연습을 하고 크기의 개념을 이해할 수 있게 해준다.

감각 교육의 중요성은 어른들의 세계에서도 찾아볼 수 있다. 어른이나 어린이나 모두 감각적인 인상을 받는다고 감각이 풍부한 사람이 되는 것은 아니다. 예를 들면 두 사람이 함께 음악회에 참석하였다고 해도 한 사람은 매우 좋은 시간을 가졌고, 다른 한 사람은 듣기 능력은 같은데도 지루하고 따분하게 여길 수 있다. 감각적 인상은 그 자체만으로는 충분하지 않다. 그것을 감상할 수 있기 위해서는 교육과 훈련이 필요하다.

어린이는 일상적인 환경 속에서 많은 감각적 인상을 받고도 느낌이 없을 수 있다. 어린이에게 필요한 것은 많은 인상을 받는 것이 아니고, 자신이 받은 인상을 이해할 수 있는 능력이다. 몬테소리 감각 교구는 어린이가 이미 알고 있는 것과 새로운 정보를 구별하고, 분류하며, 관계지을 수 있도록 도와준다. 몬테소리는 이 과정이 지식의 습득을 위한 시작이라고 보았다. 감각을 통해 받은 인상을 가지고 집중적이고 지적인 작업을 함으로써 지식의 습득이 이루어질 수 있다는 것이다.

02 분홍탑

분홍탑을 통해 어린이에게 소개하고자 하는 것은 '크기'의 개념이다. 분홍탑은 한 변의 길이가 1cm부터 10cm까지 점차 커지는 10개의 분홍색 정육면체로 구성되어 있다. 모든 정육면체는 색깔, 모양, 질감이 같다. 이 작업을 하기 위해서 어린이는 크기의 변화를 깨닫고, 제일 큰 정육면체부터 시작하여 제일 작은 정육면체를 꼭대기에 놓아 탑을 쌓아야 한다. 만약

탑을 쌓는 순서가 틀리면 바로 눈에 띌 뿐만 아니라 탑이 무너지기 때문에 자신이 틀렸다는 것을 즉시 알게 된다.

03 갈색계단

갈색계단

갈색 계단에서는 크기가 다른 평면이 소개된다. 갈색 계단은 길이는 모두 20cm이고 옆면의 한 변의 길이가 1cm부터 10cm까지 커지는 직육면체들이다. 이 교구 역시 어린이가 굵기 순서대로 계단처럼 만들어야 한다. 이 작업을 통해 교사는 '굵다'와 '가늘다'의 개념을 소개하며 '굵다, 더 굵다, 가장 굵다', '가늘다, 더 가늘다, 가장 가늘다' 등의 개념을 이에 맞는 구체적인 실물인 직육면체를 가지고 소개한다.

04 빨강막대

빨강 막대는 어린이가 '길이'의 차이를 구별할 수 있도록 도와주는 교구다. 어린이는 10cm의 가장 짧은 막대부터 1m(100cm)의 가장 긴 막대까지 차례대로 배열해 보아야 한다. 이 작업은 분홍탑, 갈색 계단과 마찬가지로 순서가 잘못되면 즉시 알 수 있어서 쉽게 잘못된 점을 발견할 수 있다. 이 교구는 '짧다, 더 짧다, 가장 짧다, 길다, 더 길다, 가장 길다'의 개념을 가르칠 수 있다. 이 교구는 수학을 시작하는 데 필요한 수 세기를 배울 수 있는 감각적 기초를 제공하기도 한다.

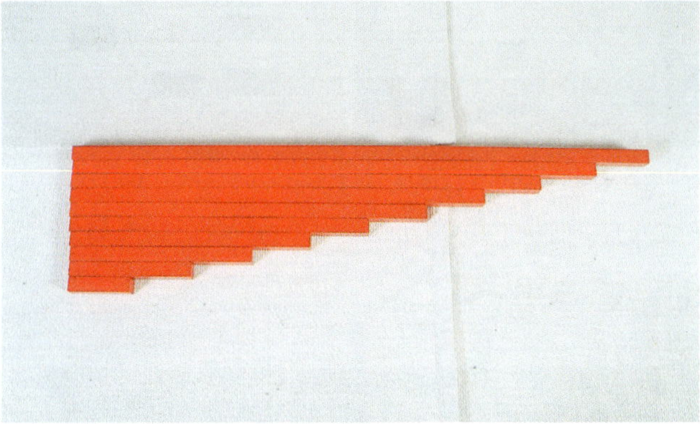

빨강막대

05 색판

어린이들에게 색깔을 처음으로 소개하는 교구인 색판 1은 6개의 색판 – 빨강, 노랑, 파랑 각 2개씩 – 상자이다. 모든 색판은 크기, 모양, 재질이 같다. 색깔만이 매우 대조적으로 다를 뿐이다. 이 작업에서 어린이는 같은 색끼리 색판 짝 맞추기를 하고 색이름을 배운다. 색판 2는 11가지 색을 짝지어보고 색이름을 배운다.

색판 1

색판 2

06 색의 농도 구별

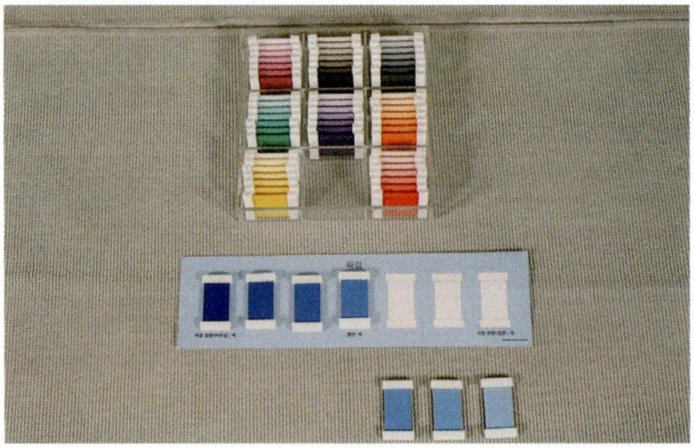
색판 3

어린이는 다음 단계로 9가지 색을 7가지 농도로 구별해 놓은 상자(색판 3)를 사용한다. 색깔의 농도는 매우 진한 색부터 연한 색에 이르기까지 구별되어 있다. 이 작업을 하기 위해서는 색의 농도를 구별하여 가장 진한 색부터 연한 색으로 차례대로 놓아야 한다. 작업을 완성하면 색판의 배열이 예쁜 무지개처럼 되어서 어린이에게 몹시 매력적으로 보인다.

07 무게 구별판

또 하나의 감각 교구는 3종류의 나무판이 들어 있는 상자다. 나무판은 종류마다 무게가 조금씩 다르다. 나무는 종류에 따라 색깔도 달라서 눈으로 식별이 되기 때문에 어린이가 이 작업을 할 때는 눈가리개를 쓴다. 이는 시각으로 식별하는 것을 방지하고 어린이가 손가락 끝에서 느껴지는 무게에 따라 나무판을 분류할 수 있게 하기 위해서다.

무게 구별판

첫째, 어린이는 2종류의 나무판을 섞어서 '가볍다'와 '무겁다'라는 말을 하면서 무게에 따라 분류한다. 그 이후에 난이도를 높여서 3종류의 나무판을 무게에 따라 '가볍다', '중간이다', '무겁다'로 분류한다. 어린이는 작업이 끝난 후 눈가리개를 풀어서 분류해 놓은 나무판의 색깔이 같은가를 확인해 봄으로써 잘못을 스스로 정정할 수 있다.

08 청각 훈련

주의 깊게 듣는다는 것은 읽기를 위한 중요한 준비 작업이다. 몬테소리는 특정한 소리에 어린이들이 집중하는 것을 도와주기 위해 감각적인 게임을 몇 가지 만들었다. 그중 한 가지는 눈가리개를 하고 교실 안에서 나는 어떤 소리를 구별해 보는 것이다. 예를 들면 창문 여는 소리, 문 닫는 소리, 책 덮는 소리, 물 따르는 소리 등을 알아맞혀 보게 한다. 또 한 가지는 말하는 사람을 보지 않고 친구의 목소리를 알아맞히는 것이다.

09 소리 상자

소리 상자

어린이가 소리의 크기를 조금 더 잘 알아내도록 하기 위해 몬테소리는 소리 상자를 만들었다. 각각의 통에는 소금, 쌀, 콩 등 서로 다른 물체가 조금씩 들어 있다. 어린이가 통을 흔들면 작은 소리부터 큰 소리까지 강도가 다른 소리가 난다. 어린이는 소리를 들어 보고 같은 소리끼리 짝을 맞춘 후 소리의 크기에 따라 차례대로 배열한다.

10 기하 입체

기하 입체들은 색깔, 재질이 같고 크기가 거의 비슷한데 모양만 다르다. 이 교구에는 정육면체, 구, 원뿔, 원기둥, 사각기둥, 사각뿔, 삼각기둥, 삼각뿔, 타원체, 계란체가 있다.

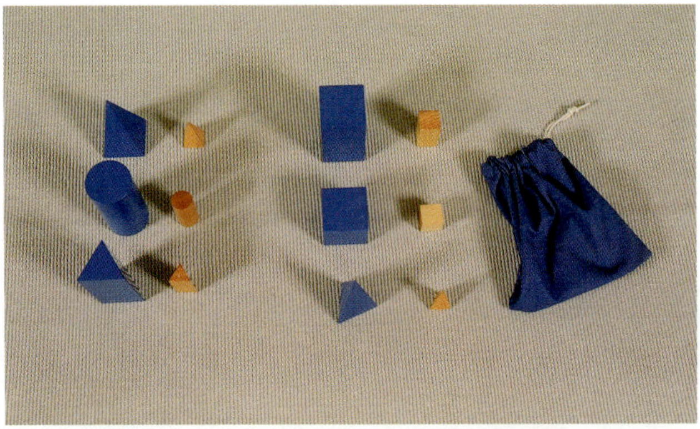

기하 입체

어린이는 입체를 손으로 만져 보고, 눈으로 보기도 하고, 눈가리개를 하고 모양을 알아맞히는 단체 게임을 하기도 함으로써 모양을 구별할 수 있게 된다. 기하 입체와 주변 환경에 있는 물건들을 연관시켜 보기도 한다. 예를 들면 구는 공과 같다, 원기둥은 음료수병과 같다, 원뿔은 아이스크림콘과 같다 등등.

어린이는 어려운 낱말을 좋아하기 때문에 원기둥, 사각뿔, 사각기둥 같은 어려운 낱말을 배울 때 도전감을 느낀다. 어린이에게는 사각뿔이나 구를 손으로 만져 보고 배우는 것이 추상적으로 배우는 것보다 훨씬 쉽다. 나중에 기하학을 공부할 때 몬테소리 교실에서 배웠던 기하 입체를 어린이들은 구체적인 모양에 기초를 둔 적절한 어휘력을 갖게 되는 것이다.

11 기하 도형 서랍

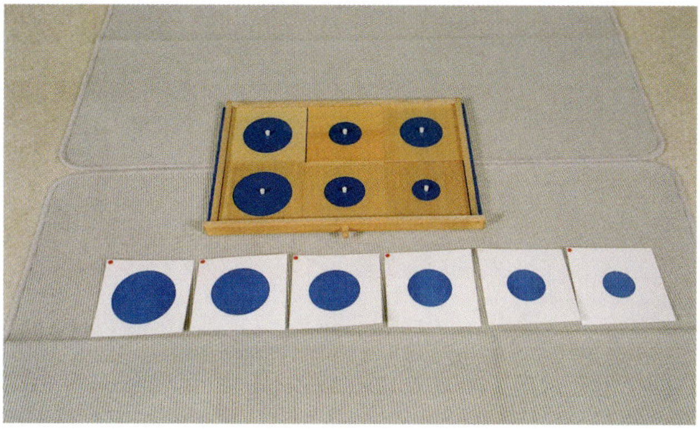

기하 도형 서랍 – 원

기하 도형 서랍은 어린이에게 평면도형 모양을 보여 주는 교구다. 이 서랍은 서로 다른 모양의 삼각형, 크기가 서로 다른 사각형, 다각형, 크기가 다른 원, 부정형 사각형, 곡선 도형 등으로 구성되어 있는 평면적인 나무 도형을 지닌 6개의 서랍으로 구성되어 있다. 각 도형에는 꼭지가 달려 있어서 나무 도형을 쉽게 꺼내고 집어넣을 수 있다. 어린이는 처음에는 이 도형을 퍼즐처럼 사용한다.

그다음에 어린이는 나무 도형을 모양 또는 크기가 같은 카드 위에 올려놓아 짝을 맞추어 봄으로써 평면도형을 배워간다.

12 구성 삼각형

구성 삼각형 - 삼각형 상자

구성 삼각형은 어린이들이 퍼즐처럼 맞추어 볼 수 있는 삼각형들로 삼각형을 이용하여 또 다른 삼각형 만들기를 한다. 사진에서는 2개, 3개, 4개의 삼각형으로 구성된 같은 크기의 삼각형 모양을 볼 수 있다.

언어 영역

01 모래 글자를 이용한 쓰기와 읽기의 시작

어린이는 모래 글자를 통해 자음, 모음의 모양을 익히게 된다. 자음, 모음 모래글자는 낱개의 카드에 사포(sandpaper)로 글자 모양을 만들어 붙여 놓았는데, 자음은 빨간색, 모음은 파란색으로 되어 있다. 선생님은 글씨 쓰는 순서에 맞게 두 손가락으로 모래 글자를 따라 쓰는 법을 어린이들에게 보여 준다.

어린이는 글자 모양을 눈으로 보고, 손으로 만져 보며, 선생님이 글자의 소리를 가르쳐 주면 그 소리를 듣는다. 글자가 인쇄된 것이 아니고 사포로 만들어졌기 때문에 어린이들은 글자 모양을 따라서 써 볼 수 있다. 이 작업을 반복함으로써 어린이는 각 글자 쓰는 순서를 기억하고 소릿값을 알아간다.

02 모래 글자를 이용한 읽기 연습

몬테소리 교실에서 어린이들은 자음과 모음 이름을 순서대로 배우기 전에 글자가 갖는 소리를 배운다. 어린이들은 낱말을 들을 때 소리를 먼저 듣게 되기 때문이다. 예를 들면 '가지'의 첫음절 '가'의 첫소리(초성)로 '그' 소리를 듣게 된다. 자음의 이름인 '기역'을 듣는 것이 아니다.

모래글자

'모래 글자'를 통해 자음을 소개할 때, 어린이는 그 자음의 소릿값을 익히게 된다. 예를 들면 우리가 'ㄱ' 자를 제시할 때 이름 '기역'이라고 발음하기보다 '그'하고 소리를 들려준다. 그리고 나서 '그'로 시작하는 '가방'이나 '가지' 등의 단어를 발음해 준다. 어린이는 소리를 반복해서 내보고 '거울'이나 '그네'처럼 '그' 소리로 시작하는 다른 단어들을 발음해 보면서 읽기를 배운다.

03 철판 도형과 쓰기를 위한 준비

몬테소리 교실에서는 어린이들이 도형을 따라 선 그리기를 연습함으로써 연필 잡는 법을 배운다. 도형 따라 그리기를 하기 위해 어린이는 철판 도형을 사용한다.

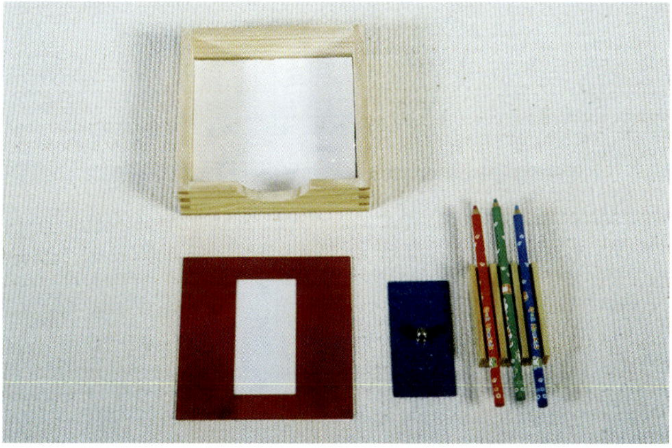

철판 도형으로 선 그리기

철판 도형으로 선 그리기 연습 작업의 목표는 연필 잡는 법이므로 연필과 비슷한 깎아 쓰는 색연필을 사용한다.

04 움직이는 글자 : 쓰기와 읽기 연습

어린이가 모래 글자를 배우고 나면 움직이는 글자로 낱말 만들기를 할 준비가 된 것이다. 움직이는 글자 활동을 위하여 교사는 받침이 없고 단모음으로 된 낱말의 물체를 준비한다. 예를 들면 '가지, 우유, 사자' 등이다. 이때 '가지'를 매우 천천히 발음하여 각각의 소리를 어린이가 들을 수 있게 한다. 'ㄱ…ㅏ…(그…아)', 'ㅈ…ㅣ…(즈…이)'.

소리를 들려주고 난 후 움직이는 글자를 이용하여 '가지'를 써서 보여준다.

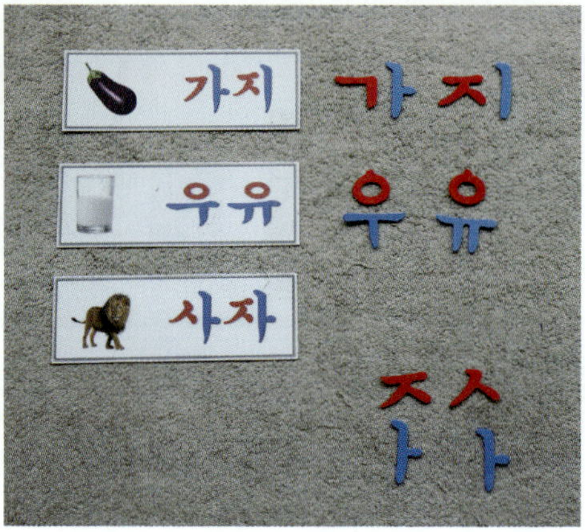

움직이는 글자

움직이는 글자로 단어를 구성하는 것을 보여주는 것은 '쓰기를 통한 읽기', 즉 쓰기와 읽기를 병행해서 가르치는 것이다. 이 단계에서는 어린이도 움직이는 글자를 가지고 직접 단어를 써 볼 수 있게 한다는 사실이 중요하다. 왜냐하면 교구를 조작함으로써 어린이는 손으로 일을 하고 있으므로 집중을 잘할 수 있기 때문이다.

움직이는 글자로 단어쓰기

어린이는 낱말 구성하는 작업을 오랫동안 해야 한다. 교실에는 낱말 구성 작업을 위해 물체모형이나 그림과 단어가 함께 있는 카드를 많이 준비해 주어야 한다. 어린이들은 받침이 없는 쉬운 단어에서 점차 받침이 있는 어려운 단어 읽기로 발전한다.

05 단어 읽기 연습 : 그림과 단어 짝짓기

단어 읽기 연습으로 어린이는 그림과 낱말 짝 맞추기를 하는데 이때도 어린이는 눈으로 보면서 단어를 읽지만 손을 사용해서 단어를 찾아 짝짓는다.

그림과 단어 짝짓기

06 읽기 발달

점차적으로 어린이는 이중자음, 이중모음, 이중받침같이 어려운 단어 읽기 연습을 한다. 이때 단순한 반복을 계속하는 것보다는 다양한 활동을 통해 읽기 연습을 많이 하도록 교구를 다양하게 준비해 주어야 한다.

어떤 어린이는 만 4세에, 어떤 어린이는 만 5세 또는 만 6세에 읽는다. 나이가 같더라도 읽기에 대한 준비도가 다르기 때문에 아이의 수준을 고려

하여 읽기 지도를 해야 한다. 읽기를 너무 일찍 시작하면 어린이는 좌절하게 될 것이다. 또 읽기에 관심을 갖는 민감기를 놓치면 스스로 열심히 배울 수 있는 좋은 기회를 놓치는 것이다. 몬테소리 교실은 자유롭기 때문에 어린이가 자신의 흥미와 준비도에 따라 읽기를 배우는 시기를 다르게 한다.

수학 영역

몬테소리는 모든 수에 대해 양을 나타내 줄 수 있는 구체적인 교구를 만들었다. 어린이는 교구를 나열하면서 수를 세어 보고 만져 보는 것을 좋아할 뿐만 아니라 그렇게 함으로써 수 개념을 쉽게 이해할 수 있다는 것을 관찰을 통해서 알았기 때문이다. 몬테소리 환경에서 어린이는 1~10의 숫자를 보면서 동시에 그 숫자에 해당하는 양을 손으로 만져 볼 수 있다.

01 수막대

수막대

몬테소리 교실에서 어린이에게 수에 대해 처음으로 소개하는 교구는 1~10의 양을 나타내고 있는 수막대이다. 교사는 어린이가 수막대를 계단처럼 만들어 놓고 수막대의 빨간색 마디와 파란색 마디를 차례로 세도록 가르쳐 준다. 어린이는 가장 짧은 막대를 '일'(1), 다음 막대를 '이'(2)…라고 부른다. 2막대는 하나의 막대지만 1막대 2개와 같다.

02 모래숫자

모래숫자

어린이들은 수막대로 수 세기를 하면서 동시에 모래숫자 교구를 따라 숫자를 써 봄으로써 숫자를 익히게 된다.

수막대와 수카드

수 세기와 수읽기를 할 수 있게 되면 수막대 옆에 알맞은 숫자를 놓아보게 함으로써 수와 양의 결합을 이해하는 과정을 도와준다.

수막대 작업을 하면서 어린이는 많은 수학적 사실을 발견할 수 있다. 예를 들면 1막대와 2막대를 나란히 놓으면 3막대와 같아진다. 또 기초적인 나눗셈도 볼 수 있는데 6막대를 2막대로 재어보면 정확하게 3번이 된다.

10막대와 똑같게 되도록 막대를 조합시켜 보는 것도 여러 가지 방법이 있다. 예를 들면 '1막대'옆에 '9막대'를, '2막대'옆에 '8막대'를, '7막대' 옆에 '3막대'를, '6막대'옆에 '4막대'를, '5막대'를 2번 놓아서 10막대와 똑같이 만들 수 있다.

03 셈막대 상자

'셈막대 상자' 역시 수와 양을 결합시키는 작업이다. 이 교구는 숫자는 순서가 고정되어 있고 양은 서로 분리되어 있다. 셈막대 상자는 0~9까지의 숫자를 하나씩 쓴 칸 10개가 있다. 어린이는 '1'이라고 쓴 칸에 셈막대 1개를, '2'라고 쓴 칸에 셈막대 2개를 넣는 작업을 한다.

셈막대 상자

셈막대 상자의 첫째 칸에는 '0'이 쓰여 있다. 어린이는 보통 '0'의 칸에도 셈막대를 넣고 싶어 하는데 '0'은 '자리는 있지만 아무것도 놓지 않는다'고 소개함으로써 '0'이라는 숫자와 개념을 소개한다.

04 숫자와 바둑알

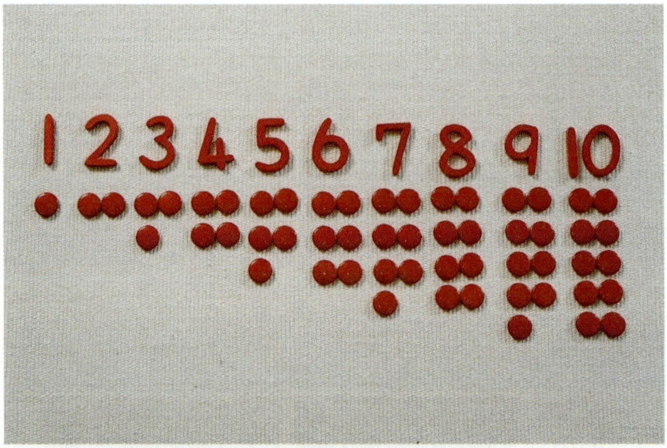

숫자와 바둑알

숫자와 바둑알에서는 수와 양이 모두 따로 분리되어 있어서 어린이가 작업을 하는 동안 수와 양을 모두 순서에 맞게 배열해야 한다. 처음에 어린이는 숫자를 순서대로 배열한다. 숫자만큼의 빨간 바둑알을 숫자 밑에 놓을 때, 어린이는 빨간 바둑알을 두 줄로 놓아야 한다. 홀수는 맨 끝줄에 바둑알이 1개만 있다. 이 배열을 통해 짝수와 홀수를 보여 준다.

05 세강판 : 연속수 11~19 / 11~99

세강판 1

11~19의 수를 배우기 위해 어린이는 세강판을 사용한다. 세강판에는 10이라는 숫자가 한 줄로 9번 인쇄되어 있다. 낱장의 카드에는 1~9까지의 숫자가 인쇄되어 있다. 어린이는 첫 번째 10의 0위에 '1' 카드를 끼워 넣어서 '11'이라는 숫자를 만든다. 이로써 11이라는 숫자는 10과 1을 합해서 만들어진다는 것을 구체적으로 보여준다. 12는 두 번째 10의 0위에 2를 끼워 넣어서 만든다. 교사는 '십일, 십이, 십삼…'하고 읽는 것을 가르쳐준다. 11~19를 배운 다음에는 세강판 2를 이용하여 11~99까지의 연속수를 배운다.

06 연속수와 배수

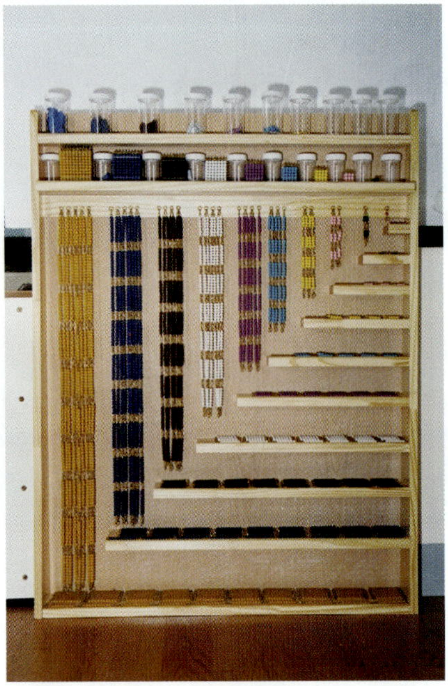

색구슬장

색구슬장은 1~10까지의 제곱수와 세제곱수를 소개하기 위한 교구이다. 이 교구를 통해서 어린이들은 1~999까지의 연속수를 세면서 1~9의 배수의 개념을 배운다.

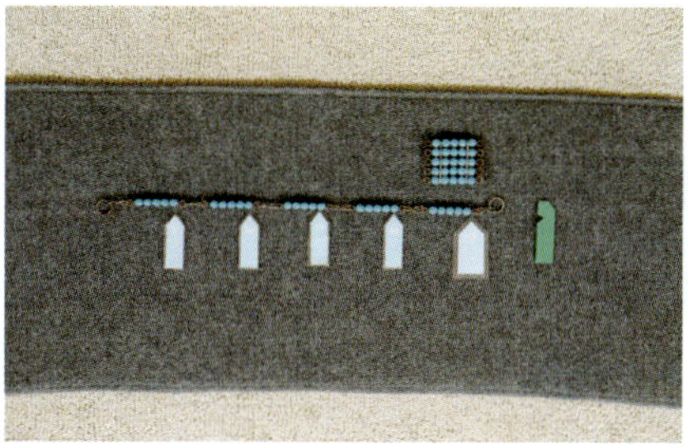

5 제곱 구슬

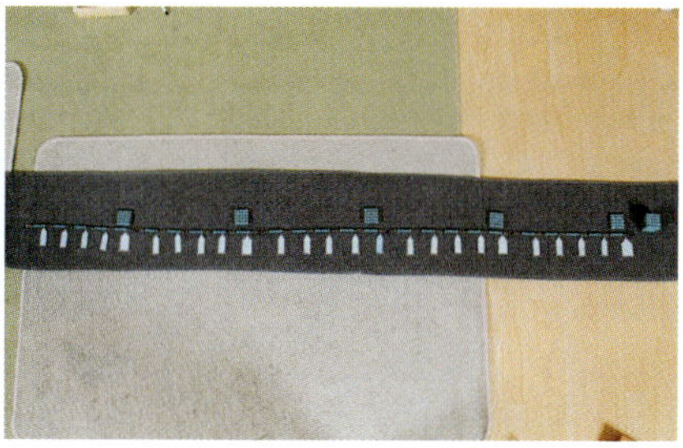

5 세제곱 구슬

예를 들어 5의 제곱수를 세는 동안 5, 10, 15, 20, 25와 같이 5의 배수에 숫자카드를 놓게 되는데 어린이는 1~25까지의 연속수를 세면서 5의 배수를 숫자카드에서 보게 된다. 또한 5의 세제곱수를 세는 동안은 5, 10, 15, ……115, 120, 125까지의 연속수를 세어볼 수 있다.

07 십진법 소개

십진법 소개

이 교구는 10진법을 보여주기 위해 만든 금색 구슬 교구이다. 오른쪽의 구슬 하나는 '1'을 나타낸다. 1자리 구슬 10개로 만들어진 구슬 막대는 '10'을 나타낸다. 10자리 구슬 10개를 함께 묶어 놓은 사각형은 '100'을 나타낸다. 100자리 사각형 10개를 쌓아 놓은 구슬은 '1000'을 나타내는 정육면체가 된다.

사진에 보면 10진법의 단위를 나타내기 위해 자리마다 서로 다른 색으로 인쇄된 숫자 카드를 볼 수 있다. 1의 자리는 초록색, 10의 자리는 파란색, 100의 자리는 빨간색, 1000의 자리는 다시 초록색으로 인쇄되어 있다.

1~9000 수 카드

큰 수 만들기

십진법의 개념을 이해한 어린이에게 1~9000의 숫자 카드를 소개한 후 금색구슬과 함께 큰 수 만들기 작업을 한다. 큰 수 만들기에서 교사는 간단한 숫자부터 시작한다. 예를 들면 "1자리 2개를 가져오세요"라고 한다. 다음에는 "10자리 3개, 1자리 7개를 가져오세요"라고 하면서 큰 수 만들기를 한다. 최종적으로 네 자릿수 만들기를 하게 되는데 예를 들면 1천, 4백, 3십, 2와 같은 큰수 만들기를 교사와 함께한다.

08 은행놀이

어린이들이 수학교구의 재료로 쓰는 많은 금색 구슬들을 모아 놓은 것을 '은행'이라고 부른다. 네 자릿수의 더하기, 빼기, 곱하기, 나누기 등을 은행에 있는 금색 구슬로 할 수 있다.

은행놀이 덧셈

두 어린이가 서로의 숫자를 더해 보기를 원하면 각자 숫자만큼의 구슬을 쟁반에 담고 그 구슬만큼의 숫자 카드를 골라서 담는다. 두 사람은 각자의 구슬을 합한 후 그 합한 수만큼의 숫자 카드를 고른다.

09 덧셈

몬테소리 교실에서는 덧셈이나 뺄셈을 앉아서 외우지는 않는다. 구구단을 단순히 암기하는 일도 없다. 오히려 구체적인 물체를 가지고 실제로 계산을 해 봄으로써 점차로 암산을 할 수 있게 된다. 덧셈에 대해 확실한 개념을 가진 후 곱셈을 하게 되면 곱셈이 무슨 의미인지를 완전히 이해하게 된다. 몬테소리 교실에서는 더하기, 빼기, 곱하기, 나누기에 사용할 수 있는 교구들이 매우 많다.

색구슬 계단은 1~10을 각기 다른 색 구슬로 만들어 양을 나타내 놓는 것이다. 1개의 빨간 구슬이 끼워져 있는 막대는 1을 나타낸다. 2개의 초록 구슬이 꿰어 있는 막대는 2를 나타내며 3개의 분홍색 구슬 막대는 3을, 10개의 금색 구슬 막대는 10을 나타낸다. 어린이가 3+5를 하고 싶으면 3짜리 분홍색 구슬막대와 5짜리 하늘색 구슬 막대를 나란히 놓고 구슬 수를 세어 보아서 그 결과를 기록한다. : 3+5=8

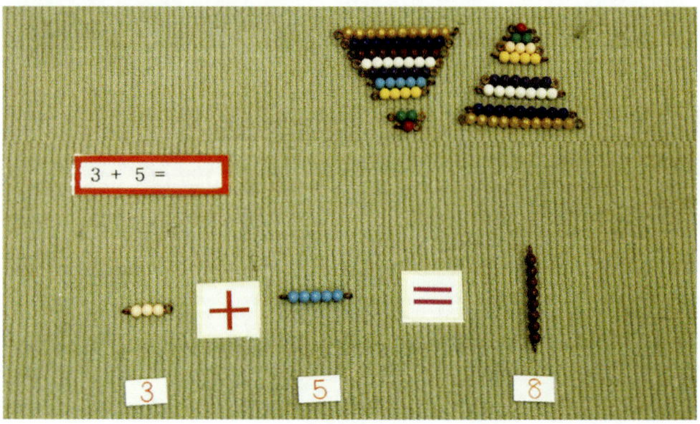

색구슬 덧셈

10 곱셈

색구슬을 이용하여 곱셈도 한다. 5×4의 곱셈을 하려면 하늘색 5 구슬 4개를 꺼내서 작은 매트위에 차례대로 놓는다. 그다음 모든 구슬들의 숫자를 세어서 답을 쓴다. : 5×4=20. 이 교구를 가지고 작업을 해 봄으로써 곱셈이 무슨 뜻인지 완전히 파악하게 된다. : 5×4는 5 구슬을 4번 놓은 것이 된다.

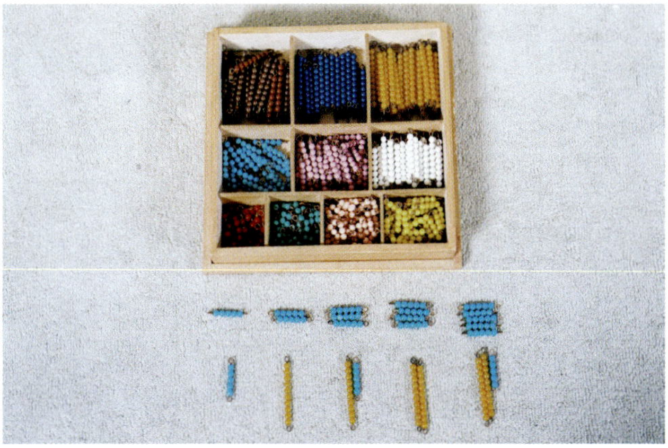

색구슬 곱셈

11 뺄셈

간단한 뺄셈에는 1 구슬을 사용할 수 있다. 9−3을 하려면 작은 천위에 1구슬 9개를 놓은 후 3개의 구슬을 없앤다. 나머지 구슬을 세어서 답을 쓴다. : 9−3=6

어린이들은 덧셈의 계산법을 뒤집어서 뺄셈을 배우기도 한다.
: 4+4=8 ∴ 8−4=4

12 나눗셈판

나눗셈을 하기 위해서는 초록색으로 된 사람 모양의 말(skittles)과 구슬과 네모로 된 나눗셈 판을 사용한다. 말은 젯수 즉 나누어 줄 사람의 수를 나타낸다. 21÷3을 하려면 나눗셈 판의 위쪽에 3개의 말을 놓는다. 그리고 21개의 구슬을 꺼내서 3개의 말에 하나씩 나누어 준다. 그러면 한 개의 말 앞에 구슬이 7개씩 놓인다. 어린이는 21÷3=7이라고 기록한다. 나눗셈에서는 한 사람이 받는 양이 답(몫)이다.

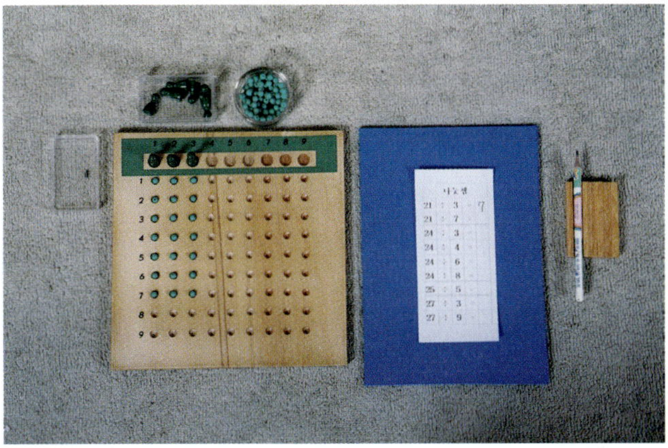

나눗셈판

지리, 동식물학, 역사

01 지도 퍼즐

몬테소리 교실에서는 어린이가 흥미를 갖기만 하면 지식을 넓힐 수 있는 기회가 많다. 세계지도 퍼즐은 몬테소리 교실에서 가장 인기 있는 작업 중의 하나이다. 세계지도는 한 대륙을 한 조각의 퍼즐로 만들어 놓았다. 세계지도 퍼즐 맞추기를 해 본 어린이들은 그다음에 각 대륙의 지도 퍼즐(예 : 아시아 대륙지도 퍼즐)을 하게 되는데 대륙 퍼즐에는 한 나라가 한 조각의 퍼즐로 되어 있다. 마침내는 우리나라의 지도 퍼즐을 하게 되는데 우리나라 퍼즐에는 하나의 도가 한 조각의 퍼즐로 만들어져 있다.

세계지도

아시아 대륙지도

우리나라 지도

처음에는 지도 퍼즐을 단순히 퍼즐로 사용한다. 점차로 어린이들은 각 나라의 이름을 배우고 그 나라의 기후나 전통문화에 대해서도 배운다. 지도 퍼즐은 세계 여러 나라들의 위치와 모양을 퍼즐의 형태로 만들어서 어린이들이 퍼즐 맞추기 놀이를 통해서 세계 여러 나라의 지리를 쉽게 이해할 수 있게 만들었다.

02 동식물학

몬테소리 교실에는 나무, 잎, 꽃의 부분에 대한 설명을 보여주는 많은 그림 카드가 갖추어져 있다. 어린이들은 나무, 꽃, 잎의 부분을 나타내는 그림과 이름을 맞추어 본다. 이 작업을 함으로써 어린이는 자기 주위의 환경에서 자라고 있는 식물들의 특징을 더 관찰하게 된다. 몬테소리 교실에서는 식물, 꽃, 채소를 가꾸기도 한다. 또 그림 카드에 있는 것을 실물로 가져와서 보기도 한다.

꽃의 부분 실물

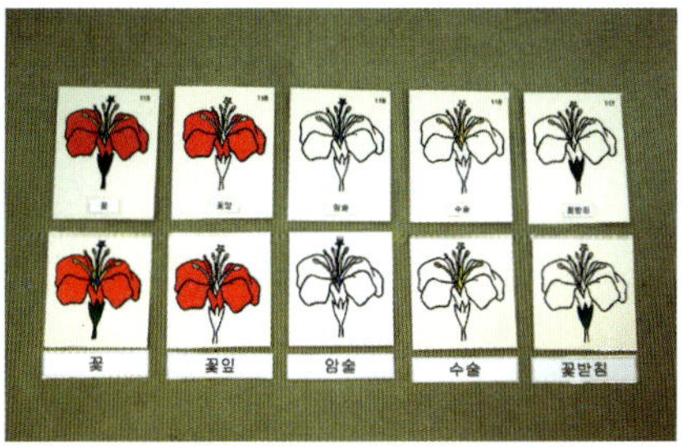

꽃의 부분 명칭 카드

03 역사

몬테소리 교육에서는 연대표를 이용한 작업을 함으로써 문명과 문화의 발달에 관해 구체적인 제시를 해준다. 연대표는 시간의 흐름을 띠로 보여주면서 자동차, 집들이 어떻게 변화 발전했는지를 시대별로 보여준다. 시간의 흐름에 따라 나타나는 사람, 생활의 변화를 소개해 주기 위해 어린이의 역사를 만들어 보기도 한다. 어린이가 아기였을 때의 사진부터 시작하여 나이별로 붙여서 연대표처럼 만든다.

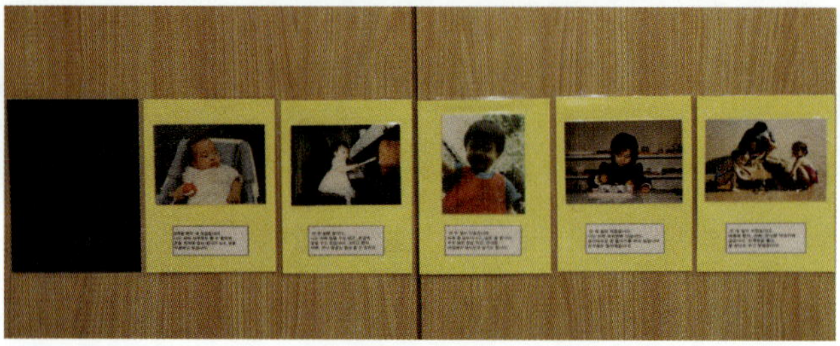

어린이의 역사

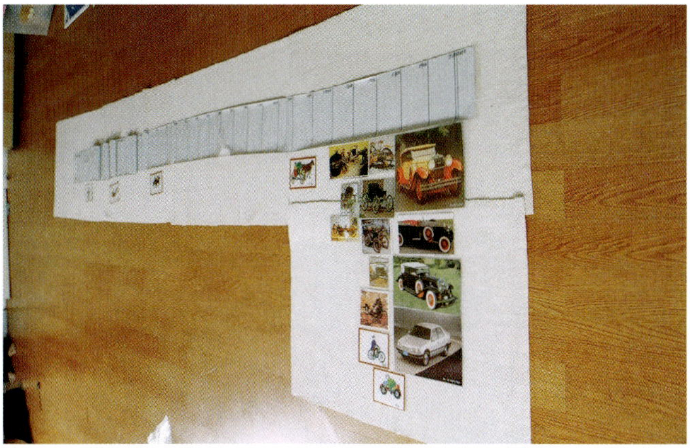

자동차의 발달 연대표

역사, 과학에 관한 교구들은 선생님이 직접 만들거나 선생님의 지도를 받아서 누군가 만든다. 따라서 이 교구들은 교실마다 다르고, 교사의 관심을 반영해 주기도 하고 어린이들의 발달 단계에 따라 다르기도 하다. 그러나 일반적으로 몬테소리의 이론대로 매력적인 교구를 통해 어린이의 수준에 맞게 제시하면 어린이는 어떤 지식도 배울 수 있다는 것을 보여주는 것이다. 어린이들은 타고난 호기심 때문에 자극을 받고, 교구를 조작해 보는 것이 재미있으며, 가르쳐 주어서 배우기보다 교구를 통한 학습이 어린이들에게 더 특별한 만족을 준다.

대집단 활동

01 선 위 걷기

몬테소리 교실에서 이루어지는 대집단 활동 중 한 가지는 바닥에 표시된 선을 따라 천천히 걸어 보는 것이다. 이 활동은 어린이가 선을 따라서 발끝과 뒤꿈치가 닿게 걷는 등 활동의 난이도를 높이는 방법이 여러 가지가 있으며 걷는 동안 자기 동작 조절을 완벽하게 해 보려는 도전감을 갖게 된다. 어린이들은 국기를 들고 걷기도 하고, 종을 들고 걸으면서 소리가 나지 않게 걷기도 한다. 이 활동은 협응력과 자세를 아름답게 해 주는 데 도움이 된다.

02 침묵 놀이

몬테소리 교실에서 또 다른 대집단 활동은 침묵 놀이다. 몬테소리 박사는 어린이가 자기 통제 능력을 기르게 하기 위해 이 활동을 만들었다. 침묵 놀이를 하는 동안 어린이는 조용히 하여야 한다. 말을 해서도 안 되고,

눈을 감고, 움직이지 않고 있음으로써 교실 안에서 아무 소리도 나지 않게 한다. 어린이가 몇 분 동안 조용히 앉아 있게 한 다음 선생님이 어린이들의 이름을 한 사람씩 속삭이는 목소리로 부른다. 자기 이름을 들은 어린이는 발끝으로 아주 조용히 걸어서 선생님 옆으로 간다.

이 활동은 어린이들이 주의 깊게 듣고, 교실에서 소리 없이 움직이도록 도와주는 활동이다. '침묵 놀이' 동안의 적막감 속에서 어린이들은 평소에 듣지 못했던 소리가 자기 주위에 나고 있다는 것을 알게 된다. 하루에 몇 분 동안 어린이들은 침묵 놀이를 경험한다.

03 몬테소리 교실에는 그밖에 어떤 활동이 있나?

이 책에서 설명한 교구들은 3~6세 어린이를 위한 몬테소리 교실에서 사용되는 기초적인 교구들이다. 이와 유사한 활동들 중에 어린이의 학습을 강화해 주는 작업은 지면상의 제한 때문에 여기서 설명하지 않았다. 이 교구들은 학교에 따라서 조금씩 다르게 구비되어 있기도 하다.

교구는 비슷해도 완전히 똑같은 몬테소리 교실은 없다. 몬테소리 교실은 모두 선생님과 어린이가 지닌 특색을 반영하게 된다. 어떤 선생님은 교사가 직접 만든 교구만 사용한다. 또 어떤 선생님은 자기가 만든 새 교구와 더불어 다른 교육적 교구들을 응용해서 사용한다. 이 새 교구들도 몬테소리의 학습 원리에 따라서 사용하면 교실 환경을 풍요롭게 만들 수 있다.

몬테소리 교구를 개인 작업으로 하는 것 외에 다른 보완적 활동이 언제나 이루어진다. 노래 부르기, 음악 감상, 창의적 미술, 공예, 외국어, 동시, 게임 등 교사의 능력과 관심에 따라 몬테소리 프로그램과 조화롭게 이루어질 수 있다.

왜 조기 교육인가?

부모들은 몬테소리 교실에서 문법, 지리, 수학을 3~6세의 어린이들에게 가르치는 이유가 뭔지 궁금해할 수도 있다. 그 이유는 이 나이의 어린이들은 구체적인 형태로만 제시하면 어려운 개념들도 즐겁게 많이 흡수할 수 있기 때문이다. 초등학교 3~4학년용의 블록들도 어린이들에게 일찍 주어지면 어린이들은 몹시 좋아할 것이다. 3~6세 어린이는 교구 조작하는 것을 좋아하기 때문이다.

몬테소리 교실에서는 수의 단위나, 덧셈 등이 단순히 종이 위에 써놓은 숫자가 아니라 어린이가 손에 들고 작업할 수 있는 구체물들로 구성되어 있다. 이처럼 개념을 구체적으로 나타내 보여 주는 교구들은 어린이의 기억 속에 오랫동안 단단하게 남아 있을 것이다. 그래서 학습이 계속되는 동안 추상적인 용어들을 대할 때마다 용어의 개념들을 명료화시켜 줄 것이다.

몬테소리 교육을 받은 후에는 어떻게 되는가?

몬테소리 교실에서 배웠던 방식의 학습 형태를 가정에서 유지하는 것이 중요할 것이나 여기에는 특별한 순서가 있다. 어린이는 좋은 작업 습관을 계속 유지하되 보충은 어린이의 흥미 수준에 맞추어서 제공해야 할 것이다. 몬테소리 교사처럼 몬테소리 부모는 어린이 개인의 흥미와 취향을 존중해야 하며 아동발달을 위한 최상의 조건을 준비해 주어야 한다.

엄마, 아빠와 함께 일함으로써 어린이는 많은 기술을 습득할 수 있고 일생동안 흥미 있는 취미를 갖게 될 수도 있다. 이런 형태의 학습을 촉진시키기 위해 부모는 어린이에게 단순하게 설명해 주고 어린이가 필요한 교구를 가지고 탐색해 보도록 해야 한다.

몬테소리 교실에서 계발된 습관이나 기술은 일생동안 계속 도움이 된다. 어린이들은 더 효율적으로 일할 수 있을 것이고 더욱 주의 깊게 관찰할 것이며, 무슨 일이 있든지 자기 일에 집중도 잘할 것이다. 집이든 학교든 간에 자극적인 환경에서 살게 되면 스스로 학습하는 것은 계속될 것이다.

– 이것만이 참 교육이다 –

저자소개

이 성 숙

미국 시카고의 MMTTC(Midwest Montessori Teacher Training Center)에서 몬테소리 이론과 실제를 공부하였고 미국의 유치원에서 1년간 인턴 교사를 하여 AMS(American Montessoti Society) 몬테소리 3~6세 교사자격증을 취득하였다.

중앙대학교에서 유아교육학 박사학위를 취득하였으며, 10여 년간 몬테소리 교사와 원장으로 일했다. 지금까지 30년 이상 유치원과 어린이집 현직 교사들에게 몬테소리 교육을 하고 있으며, 몬테소리 유치원 어린이집 수업 컨설팅을 하면서 몬테소리 수업지도와 부모교육을 하고 있다. 대학에서 강의를 하기도 하였으며, 몬테소리 이론과 실제 관련 저서들도 여러 권 썼다. 현재 분홍탑몬테소리연구소 공동대표와 사)한국몬테소리교육총연합회 회장을 맡고 있다.

어린이는 어떻게 배우는가?

– 부모를 위한 몬테소리 교육 소개 –

A Parent's Guide to the Montessori Classroom

초 판 1쇄 발행 2024년 11월 11일
초 판 2쇄 발행 2025년 9월 12일

지 은 이 | 이성숙
펴 낸 이 | 김기섭
편 집 인 | 오선율
펴 낸 곳 | 창지사 www.changJisa.com
08589 서울시 금천구 가산디지털 1로 83 파트너스타워 1차 9층
전화 (02)719–2211~3
팩스 (02)701–9386
등 록 | 1977년 4월 28일 · 제1–421호

ISBN 978-89-426-1908-5 (93370)

값 7,000원